青少年励志漫画书

人性的弱点

张新国 编著 张博轩 绘

中国言实出版社

图书在版编目（CIP）数据

人性的弱点 / 张新国编著 ; 张博轩绘. -- 北京：
中国言实出版社, 2024. 6. -- (青少年励志漫画书).
ISBN 978-7-5171-4850-0

Ⅰ. C912.11-49

中国国家版本馆CIP数据核字第20246GL313号

青少年励志漫画书——人性的弱点

责任编辑：佟贵兆
责任校对：张国旗

出版发行：中国言实出版社
　　地　址：北京市朝阳区北苑路180号加利大厦5号楼105室
　　邮　编：100101
　　编辑部：北京市海淀区花园北路35号院9号楼302室
　　邮　编：100083
　　电　话：010-64924853（总编室）　　010-64924716（发行部）
　　网　址：www.zgyscbs.cn　电子邮箱：zgyscbs@263.net

经　　销：新华书店
印　　刷：涿州市荣升新创印刷有限公司
版　　次：2024年6月第1版　　印次：2024年6月第1次印刷
规　　格：710毫米×1000毫米　1/16　10印张
字　　数：100千字

定　　价：49.80元
书　　号：ISBN 978-7-5171-4850-0

目 录

content

不是真心的微笑

—— 任何人都不会被他蒙骗。

01 不要忘了自己的微笑

冷漠~~

一起回家吧!

一起走啊!

不顺路。

为什么总是我一个人?

哈哈~

今天我顺路，一起走吧！

不巧，今天我们走这边～

我努力和大家打成一片，
为什么大家依然不喜欢我？

听 卡 耐 基 讲 故 事

我结婚已 18 年，早上起床到出门工作的时间内，从没有对妻子展露过笑容，或说上几句话。只因您要我发表有关于"笑的经验"，于是就在隔天的早上，我边整理头发，边对镜中板着脸孔的自己说："比尔，让我看看笑容，赶快去做吧！"

早餐的时候，就一面对太太说早安，一面对她微微一笑。她简直是深受震撼。从此我每天都那样做。到目前为止，已经持续了两个月。态度改变以来的这两个月，前所未有的那种幸福感，使我们家庭生活十分愉快。

早啊！

现在，我每天走入电梯会对遇到的每一个人打招呼，对那些没看过我笑脸的人，也都报以微笑。不久，我发现大家也都还我一笑，即使对于那些有所不满、烦忧的人，也以愉快的态度与其相处。在带着微笑倾听他们的牢骚后，问题的解决也变得容易多了，而且笑容也能使人增加很多财富。

我和另一个经纪人共同使用一个办公室，他坦承初次见面认为我难以相处，最近对我的看法却 180 度转变了，好像我的笑容里头充满了人情味似的。

同时我不再责备人，相反，懂得去赞美别人；绝口不提自己所要的，而时时站在别人的立场体贴人。正因为如此，生活上也整个革新了。现在的我和以前的我完全不同，是一个收入增加、交友顺利的人了。我想，作为一个人，没有比这更幸福的了。

心 理 弱 点

我对每个人都很真心。

大家都不接纳我，太委屈了。

我已经很努力了，
为什么还没有朋友。

心 理 暗 示 分 析

尝试一下： 当你在生活中遇到生理上紧张的状态时，漾出一个

微笑，就能化解一些紧张。如果你很痛苦，你最初露出的微笑可能

是苦笑。但这个苦笑依然会多少化解你的痛苦，缓解你的痛苦。交际过程中出现的心理、情绪和思维的过度紧张，常常表现为人际关系的矜持、对立、矛盾、僵局、摩擦、不和谐与别扭。

微笑可以使这一切得到调整，因为双方的心理、情绪、思维得到放松，人际关系的紧张度配之降低，双方关系出现松动与和谐。

思维是一种有一定紧张度的心理活动。但是，思维紧张到一定程度，就变成停滞和僵化，就是所谓苦思冥想不得结果，苦思冥想停滞不前，没有成效。这时候，一个微笑可以松弛思维畸形的紧张和僵化，使思维进入灵活状态。

纠 正 错 误 总 结

1. 不是真心的微笑——任何人都不会被他蒙骗。

机械般的动作，还不如生气；至于那种打从心底发出的温暖人心的微笑，实在是价值千金。

2. 笑容是善意的表征，使领受者的生活明朗、活泼起来。

对于那些皱着眉头、噘着嘴，甚至故意把头扭过去的人来说，你的笑容正如从云间射出的阳光一样。特别是承受着从上级、老师或是父母、朋友来的压迫感的人，就要让其有"世上还有愉快的事情呀"的感受。

把我的愉快传递给大家！

微笑是人与人之间最直接的表达，是传达感情最直接的方式。

微笑，一个简单的动作，却能让人心情变得舒畅，能让人对你印象深刻且美好，能让人忘记工作的苦恼，也能让人交到许多的朋友。所以微笑的力量是巨大的。

人生在世，如果你看到有人没有微笑，请给他们你的微笑。因为微笑，是可以感染的。

卡耐基有话说

获得友谊的最佳途径就是先做对方的朋友。

02 献出自己的真心

我想要得到老师和同学的关心。

毕竟我对新的环境
不熟悉。

他们为什么不和我做朋友？

你不先关心对方。

对方凭什么先关心你？

真正的朋友并不只是对你有钦佩之情。

听 卡 耐 基 讲 故 事

在厨房看到女佣艾莉丝时，老罗斯福问她："还是一样烤玉米面包吗？""是的，不过只有我们佣人要吃的时候才会偶尔烤来吃。现在二楼的人谁都不吃了。"老罗斯福一听，便打抱不平地大声说："不懂美味的人啊！等我见到总统时，我必定会这样跟他说。"

好吃您就多吃点！

玉米面包最好吃了！

艾莉丝高兴地拿出放在盘子里的玉米面包给他，他接过来塞了满嘴，边吃边走向办公室去，途中一见到花匠或杂工，就仍像以往那样亲切地叫着每一个人的名字问好。佣人们至今还是津津乐道当年的动人情节。特别是名叫艾克·华瓦的男人，忆及往事眼中便浮现出欢欣的泪光说："这是多年来我最快乐的一天，即使有人拿出再多的钱，我也不愿跟他换。"

多么可亲可敬的人啊！

心 理 弱 点

我对每个人都很热情

大家对我都不是真心的关心

我已经很努力了，为什么还没有真心朋友

心 理 暗 示 分 析

与其想刻意地引起对方的关心，倒不如纯粹地给予对方关心。获得友谊的最佳途径就是先做对方的朋友。

　　只想令人佩服而引起的关心，绝对无法交到许多真正的朋友，真正的朋友不能以那种方法而获得。

　　若能打从心底去关怀别人，别人必报以更多的关心。

纠正错误总结

　　1.我们真心实意地关心家人，我们就能让家人感觉到我们在关注他们。

　　我们需要对家人的生活提供更好的条件。只需要真心实意地关心家人，我们就能在生活当中，更好地与家人相处。让家庭感到温馨不就是我们的责任吗？笑容是善意的表征，使生活明朗、活泼起来。

能看见家人的笑容真是一种享受！

2. 新认识的朋友对我们不关心怎么办？

我们主动一点，真心实意地关心新认识的朋友，我们就会更多地、深入地了解新的朋友。让新认识的朋友感觉到我们的关心，他们才会愿意与我们交往。请不要吝啬您的关心，我们运用好，多一些朋友不是更好吗？

很有趣，请展开说说！

如果你想要人们都关心你，前提必须是你先关心别人；

学会和他人分享快乐，因为快乐的心情是可以传染的；

你希望别人如何对待你，你就应该用同样的方式对待别人；

以真诚待人，并不是为了别人也以真诚回报。如果动机是以自己的真诚挽回别人的真诚，这本身就不够真诚，真诚是晶莹透明的，它不应该含有任何杂质；

完善的人格魅力，其基本点就是真诚，而真诚待人，恪守信义亦是赢得人心、产生吸引力的必要前提。待人真诚一点，守信一点，能更多地获得他人的关注、理解，能得到更多地支持、合作，由此可以获得更多的成功机遇；

待人最需要的就是真诚，这是一个最平凡、最普通的道理；

真诚并不意味着指责别人的缺点，但却意味着不恭维别人的缺点；

人与人之间，只要真诚相待，才是真正的朋友，谁要是算计朋友就等于欺骗自己。

卡耐基有话说

别忘了为人间留下一点赞美的温馨，这一点小火花会燃起友谊的火焰。

03 由衷的赞美

我已经努力地
表现自己了!

为什么大家还是
注意不到我?

为什么大家都没发现
我的优点?

为什么连妈妈对我的优点都视若无睹？

我的优点妈妈看不见……

我的朋友总是能看到别人的闪光点，但他们没有觉得我很优秀。

听卡耐基讲故事

克利斯沉静、内向、没有自信，因而是个不引人注目的男孩子。我除了教初级班之外，也负责高级班。进入高级班对学生来说是莫大的荣誉。

我能行吗？

某星期三，当克利斯努力于创作作品时，自他那专注的神情，我仿佛看到了他体内正燃烧的热情之火，

这一把火震撼了我："克利斯，怎么样，要进入高级班吗？"多么漂亮啊——14岁的害羞男孩充满感激的脸；他拼命忍住欢喜之泪的样子。

"啊！我？罗兰多老师，我有那样的能力吗？"

"当然有！你具有充分的实力啊。"

老师说我行，我一定行！

只是这样说便使他干劲十足。我的眼里也满溢泪水。走出教室前的克利斯，毫无畏怯地挺着背脊，看着我的眼睛中闪着光辉，声音中充满自信："谢谢你，罗兰多老师！"

克利斯给我上了重要的一课，那就是让人觉得自己是高贵而重要的。我做了一个标示版记着"你是重要的人物"，为了大家能看到，也为了让自己不要忘记，每一个学生都是同等重要的人物。

心 理 弱 点

任何人都会认为自己某些方面比其他人优秀。

谁都认为自己很重要，非常重要。

心 理 暗 示 分 析

你希望别人怎么对待你，你就应该怎样对待别人。

你太客气啦!

你表现得真好!

任何人都希望取得众人的认同和承认自己的价值。

快夸我!

我们会因为些微的赞美而莫名感激。

未来的巨星!

纠正错误总结

1. 天底下有一种方法可以促使他人主动做事情——给他想要的东西。

2. 在你每天的生活之旅中，别忘了为人间留下一点赞美的温馨，这一点小火花会燃起友谊的火焰。

你今天真棒！

你也是！

赞扬，像黄金钻石，只因稀少而有价值。

肉麻的奉承是一张债券，而公正的赞扬却是一份礼品；

称赞不但对人的感情，而且对人的理智也起着很大的作用；

真正的文化以同情和赞美为生，而不是以憎厌和轻蔑为生；

人们赞美流星，是因为它燃烧着自己走完的全部旅程；

与人交往，赞美对方的长处，忌讳说对方的短处，那样才能长久；

赞美是美德的影子；

赞美是人际沟通的润滑剂，赞美会让别人把正确的事继续做下去。

卡耐基有话说

要打动人心，给对方想要的东西是唯一的办法。

04 满足他人的『重要感』

好朋友跑来分享自己选上生活委员。

我却觉得这个职位可有可无。

爸爸升职了，大家都很开心。

这么多年做着同样一件事，谁都能升职。

爸爸不再理我。

学校开家长会。

我不想让妈妈去，因为她没有体面的工作。

听卡耐基讲故事

爱德华是个安静、害羞、缺乏自信心的男孩，平常在课堂上很少引人注意。一天，我见他正在伏案用功，便走过去与他搭话。当我问他喜不喜欢所上的课时，这个害羞的男孩脸上的表情起了极大变化。"你是说，我表现得不够好吗，罗伯特先生？"

"啊，不！爱德华，你表现得很好。"

爱德华用那对明亮的蓝眼睛看着我，并且肯定、有力地说："谢谢你，罗伯特先生！"

爱德华教了我永远难忘的一课——我们内心深处的自尊。为了使自己不会忘记，我在教室前方挂了一个标语："你是重要的。"

心 理 弱 点

疯疯癫癫的……

人在现实世界无法满足自己的重要感时，便有人转向疯狂的世界去求得满足，而因此变得精神异常。

夸赞别人不是为了讨好和奉承别人，要实事求是，要发自内心，真诚的夸赞才更有说服力。

哪有啦！

没有人比得过你！

心 理 暗 示 分 析

现实生活中有些人之所以会出现交际的障碍，就是因为他们不懂得或者忘记了一个重要原则——**让他人感到自己重要。**

这世界缺了我可不行！

人类本质里最深层的驱动力就是希望具有重要性。

我什么时候才能像他一样呀？

你要别人怎么待你，就得先怎样待别人。

彼此彼此！

纠 正 错 误 总 结

要打动人心，给对方想要的东西是唯一的办法。

对于重要感的需求，是人异于动物的主要区别。

太谢谢了！

喝口水吧！

友谊往往是由一种两个人比一个人更容易实现的共同利益结成的，只有在相互满足时这种关系才是纯洁的。

我常常重复这句话：一个人追求的目标越高，他的才力就发展得越快，对社会就越有益。

学会满足，抛开那些世俗纷扰，抛开那些尔虞我诈，抛开那些追名逐利，学会满足，收获平和的心情，收获乐观的态度，收获真实的自我；

满足是豁达的气度，懂得满足的人容易快乐，因为他们计较的不是高官厚禄，不是丰功伟绩，不是流芳千古；

让我们学会满足，让我们用美丽的心情面对人生中的得与失，成与败，荣与辱，让我们真诚地祝福比我们强的人，愿他们有一个美好的未来；

最好的满足就是给别人以满足。

卡耐基有话说

不要一味地随意去指责批评，否则会给别人带来伤害。

05 最奇妙的机制

老师在上公开课，突然我举起了手，老师以为我要回答问题，我起立后说，您这里写错了，老师脸特别尴尬，请我坐下。

好朋友在一起聊天，我发现他有个问题说错了，我赶紧指正，好朋友却生气了。

爸爸和朋友一起高谈阔论，我却淡淡说一句，爸爸说话从来不算数！爸爸生气地拉我回家。

为什么大家都不理我了？

听 卡 耐 基 讲 故 事

我们有时候在毫无压力的情况下很轻易地改变我们的想法，但一旦有人告诉我们有错时，我们就会对此指责感觉不快而硬起心肠来。我们在不自觉的情况下坚定信仰，但当任何人要我们违背信念时，我们却会对那信念格外执着。明显地不是信仰本身使我们觉得可贵，而是受了自尊心的威胁……

这个习惯对你不好……

我的都是最好的！

"我的"两字在人际交往中是最重要的，而能适当地加以慎重处理，就是智慧之源。无论是"我的"餐点，"我的"狗，"我的"房子，"我的"父亲和"我的"国家，都有相同的力量。我们不只对指

责我们的表不准或者我们的汽车不够体面的事而感觉不快。我们习惯相信我们接受的事物是真实的，而当我们的假定被怀疑时，我们去寻求各种理由去固守它，结果是我们所谓的理智大部分都用在寻求证据，为的是要继续相信我们已相信的事物。

心 理 弱 点

看到别人有错误，迫不及待指出来。

想去改变别人的意见，但是效果不理想。

还未了解别人的想法，就不要指责别人。

心 理 暗 示 分 析

如果想说服别人，要在不被对方发觉时敏捷而巧妙地进行。要比别人更聪明，假如你能的话，不要向别人炫耀你的聪明。大多数人不愿改变自己的思想。

这不就说服了吗！我可真聪明！

她说的还挺有道理……

纠 正 错 误 总 结

1. 不管面对什么样的人，不管面对什么样的事，直接批评别人只会导致别人的愤怒，而解决不了任何的问题。

大错特错！

2. 人性之中表现出来的常态，就是当问题出现的时候，就去责怪别人，从来没有在自己身上反思过，我们从来都是这样，这不是度量的问题，这是人性的问题。

3. 只有极少数的人能够克服人性的弱点，而使度量大到能够接受批评。我们永远要明白一件事情，当你无休止地去指责别人时，并不会给你带来任何好处，反而增加了人际关系的阻碍。

都是你的错！

不要轻易地指责别人，因为我们没有足够的智慧了解别人生活里的喜怒哀乐、去真正体谅别人的酸甜苦辣。每个人因立场不同，所处的环境不同，很难了解对方的感受。所以，不要一味地随意去指责批评，否则会给别人带来伤害。做个幸福快乐的人儿，善待身边的每一个人。

卡耐基有话说

坦诚错误的勇气中，含有某种满足感。

06 如果你错了，就马上承认吧

我不小心把球踢到窗户上，教学主任马上出来询问是谁。

我并不想承认，但是同学却出卖了我，我很不开心。

我把妈妈最喜欢的口红折断了，我赶紧放回妈妈化妆包里。

妈妈发现了，我装作没事人一样。

我一不小心把爸爸最喜欢的剃须刀掉到了地上摔坏了。

我害怕我承认错误后他们不喜欢我了。

听 卡 耐 基 讲 故 事

艺术编辑人员中，常有被催要作品的事，因此经常会发生小错误。我认识一位图片社主任，以吹毛求疵为乐。我时常很不愉快地走出他的办公室。不是因为他的批评，而是因为他的批评方式。最近我交给他一份急件，不久他就来了通电话，说是有什么错误。

我跑到办公室去，不出所料，他正等着我。一看到我就不由分说提了一堆严厉的批评。于是我说："要是您说的是真的，那就是我的错。我也不想辩解什么。不过长期受到您照顾，应该知道如何做得好些，所以我实在觉得不好意思。"

想不到，他听了之后，突然为我辩护了起来："好像是的，不过也不算很大的过失，只是有点……"我马上插嘴说："任何错误，都是很严重的。事实上，即使是小缺失，也是一件讨厌的事情。"

他说，没什么关系，而我在一开始就承认自己错误时，心中顿然感觉舒畅。

我继续说："我是应该更加小心，因为您带给我许多工作所以我更应该竭尽全力。这件工作我再重新改正。"

他让步说："不！不！我不想给你添麻烦了！"然后夸奖我的画说，只要稍加修改就可以了。最后还邀我一起用餐，由于我所犯的错误并不会造成太大的损失，及时加以修正就能补救。当我真的开始自我批判时，对方的态度就缓和了。

心 理 弱 点

有人来说我们的时候，我们会不开心，凭什么是你来指出我的问题？

承认自己的错误总是会让人感觉不舒服的，因为那代表着一种自我否定自我压缩，会让自我感觉难受。

我们天生对被指责会有一种愤怒。

心 理 暗 示 分 析

假如我们知道自己势必要遭到责备时，我们首先应自己责备自己，这样岂不比让别人责备好得多吗？

任何愚蠢的人都会尽力为自己的错误进行辩护 —— 而且多数愚

蠢的人都会这样去做。承认自己的错误，有别于他人，能给人一种敢于担当的感觉。**用争夺的方法，你永远得不到满足，**但用让步的方法，你可能得到比你所期望的更多。

纠 正 错 误 总 结

1. 要是知道是自己的错，在被对方教训之前，先责备自己。不是比较愉快吗？与其受人责备，不如先自我批评，心情要好得多。

2. 如果知道是自己的错，应先替对方说出要说的话，如此一来，对方就无话可说了。

3.坦诚错误的勇气中，含有某种满足感。

明白人知错就改，糊涂人有错就瞒；人间最大的智慧，在于洞悉本身的弱点。

一个人在科学探索的道路上，走过弯路，犯过错误，并不是坏事，更不是什么耻辱，要在实践中勇于承认和改正错误；

犯错误是无可非议的，只要能及时觉察并纠正就好；

错误有时是不可避免的，但是不要重复错误；

人们不该为承认错误而羞耻，因为这表明今天比昨天有长进；

一个人知道了自己的短处，能够改过自新，就是有福的；

不要害怕犯错，只要你知错能改；不要害怕失败，只要你还敢从头再来。

卡耐基有话说

宽怀大度些，机会便多了，世界也大了；偏狭小气，机会便少了，世界也小了。

回到家后妈妈已经在家做一天的家务。

为什么我不能珍惜一下她的劳动成果？

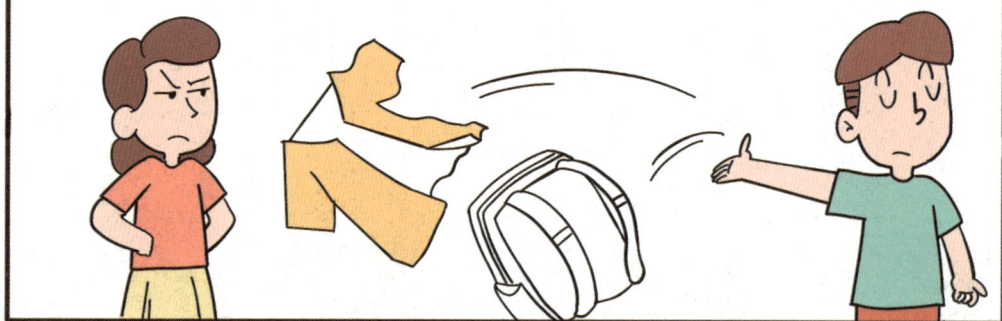

早上妈妈做好早餐。

爸爸却觉得这不是自己爱吃的，冲着妈妈发脾气。

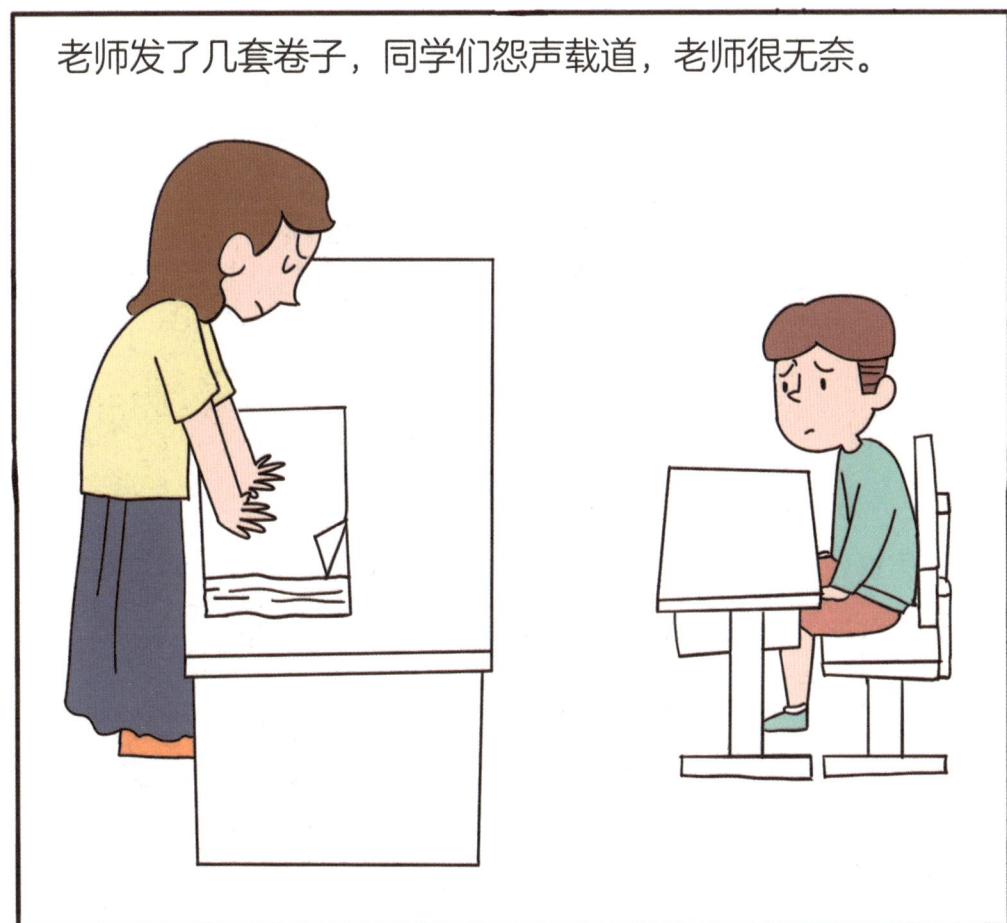

老师发了几套卷子，同学们怨声载道，老师很无奈。

听 卡 耐 基 讲 故 事

我曾受邀上电台介绍《小妇人》的作者路易莎·梅·奥尔科特。我知道她在马萨诸塞州的康科德创作出了她的不朽名作，但却一时口误，误说成了我曾去新罕布什尔州的康科德拜访过她。

净胡说!

我去过!

这人怎么这么说话!

一位在马萨诸塞州康科德长大、现居费城的贵妇人气势汹汹地在信中辱骂我，我一边读信一边暗自想，虽然我犯了个地理上的错误，但是她却连最基本的礼节常识都没有。

但是我克制住自己，决心做一件更有挑战的事情——化敌为友。

平常心

我真诚地向她道歉并体谅她的立场，她便同样以道歉和谅解回报我。我很满意自己当时克制住了情绪，以友善作为对侮辱的回答。我原本可以冲过去对她喊"你怎么不去跳河啊"，但是我并没有那样做，因为我发现博得她的好感比直接骂回去更有意思。

抱歉啊……

我也抱歉，不该那么说话。

心 理 弱 点

当别人对自己有误会时，内心十分厌恶。

急于解释别人对自己的误解。

希望别人永远站在自己的角度考虑问题。

心 理 暗 示 分 析

一个人的想法、行动，一定都有相当的理由。了解别人的处境，同情别人的立场。

站在对方的立场谈话，宽容对方的意见，如此，对方也会接受你的意见。

要拜托别人的时候，想想自己有没有站在对方的立场设想，想想看怎么做才能让对方答应帮助你。

纠正错误总结

1. 对方为什么会有那样的思想和行为。

其中自有一定的原因。探寻出其中隐藏的原因来，你便得到了了解他人行动或人格的钥匙。

想一起去了！

2. 永远按照对方的观点去想，由他人的立场去看事。

就像是你自己的一样，这或许会成为影响你终身事业的一个关键因素。

每件事都应站到对方的立场上想一想，这是达到谅解的最有效方法；

宽容意味着尊重别人的意见或做法；

惟宽可以容人，惟厚可以载物；

一个伟大的人有两颗心：一颗心流血；另一颗心宽容；

宽怀大度一些，机会便多了，世界也大了；偏狭小气，机会便少了，世界也小了；

只有勇敢的人才懂得如何宽容；懦夫绝不会宽容，这不是他的本性；

如果一个人宽恕了别人，那么他便觉得自己非常坚强；

对待别人的宽容，我们应该知道自惭；我们宽容地对待别人，应该知道自律。

卡耐基有话说

当你与别人交谈的时候，不要先讨论你不同意的事，要先强调，而且不停地强调——你所同意的事。

08 让人说『是』的秘诀

观点不一样，我说我的观点是正确的，同学撇撇嘴悻悻离开。

我想买个玩具，妈妈并不是很同意。

我坚持，妈妈转身离开了。

我对老师说出一些观点，想得到肯定。

老师没有肯定我的结论就离开了，我不知道这是为什么。

我想让大家对我说"是"，但是结果并不是我所想的，这是为什么呢？

听卡耐基讲故事

在我的推销区内有一位大户，我们公司急欲卖给他一些货物，前任推销员曾经费了 10 年之久去怂恿他，但始终未能使他照顾我们一分钱，自我接管这一地区以来，我也花了 3 年的工夫去兜售而无效果。经过 13 年的不断访问和会谈，他向我们订购了几台发动机，假如这一次的买卖做好了，我想还可以使他再订几百台，这是我的希望。

对吗？我想没有什么错，因此过了 3 个星期我又去拜访他，我很自鸣得意。但是这种得意为时甚早，因为总工程师见到我时劈头就说："阿里森，我不能再多买你们的发动机了。"

"为什么？"我吃惊地问道。

"因为你们的发动机太烫了，热得炙手。"

我晓得争辩是没有好处的。以往我这样做过很多次了。因此我想着如何得到他说"是"的反应。"好啦，先生！我和你的意见完全相同，假如那发动机热度过高，你应当不再买了。你所要的发动机当然不希望它的热度超过全国电工协会的规定标准。不对吗？"

他对这一层表示同意。我已经得到了第一个"是"字。

"按电工协会规定，一部发动机可以较室温高出华氏72度，对不对？"

"对！"他说，"那十分对，但是你的发动机确比这温度高。"

我不同他争辩。我仅问道："你工厂里的温度是多少？"

"噢，大约华氏75度。"他说。

我答道："好啦，假如工厂里的温度为华氏75度，再加上应有的华氏72度。一共是华氏147度。假如你把手放在华氏140度的热水里，是否会烫伤呢？"

他又点点头称"是。"

于是，我便建议道："好啦，那么你不会用手触到发动机，好不好？"

"好吧！我想你说的有道理。"他这样承认，随后我们又闲谈了片刻，之后他就唤来秘书吩咐在下个月购买我们大约3.5万元的货物。

我费了很多年的时间，平白损失了数万元的买卖，最后才明白争辩是不合算的，从别人的观点去看事物及设法让别人多说"是"字，才是最有利也最有趣的！

心 理 弱 点

当别人否认我的观点时，我总是急于说出自己观点的正确性。

与人意见不统一时，我希望别人能认同我的观点。

我总是急于否定别人的观点。

NO!

心 理 暗 示 分 析

与人谈话时，开头不要讨论你们意见不同的事，而先注重你们彼此赞同的事情。一个善于说话的人，都是在开端就先获得一些"是"的反应。

我们倘若能获得别人多说"是"字，我们就更容易让他们注意我们最后的建议。假若你想得到别人赞同你的意见，要设法让别人立刻说"是！是！"

纠 正 错 误 总 结

1.当你与别人交谈的时候，不要先讨论你不同意的事，要先强调，而且不停地强调——你所同意的事。

2.懂得说话技巧的人，一开始就得到许多"是"的答复。"是"的反应其实是一种很简单的技术，却为大多数人所忽略。

听别人怎么说。不要急于表达你的意见;

先正确的评判自己,才有能力评断他人;

懂得说话技巧的人,在谈话的开始就会得到"是"的反应,因而他能将听众的心理移向正面方向;

当你与别人交谈的时候,不要先讨论你不同意的事,要先强调,而且不停地强调——你所同意的事;

当我们开始与对方交谈时,不要总把注意力放在你不同意的事情上,你应该站在对方的利益上考虑问题;

用温和的问题,一些能够引人回答"是,是的"问题,将对方引向自己的方向,让人一步步信服你所表达的观点,最后他们就会得到你之前设定好的结论;

在说服别人的时候,聪明的做法不是以讨论异议作为开始,而是以强调且不断强调双方所同意的事情作为开始;

卡耐基有话说

千万别忘记他人的姓名

一种最简单、最明显、最重要的获得好感的办法。

开学一个月，我依然记不住同学的名字。

我想和一位同学打篮球，同学并没有理我。

我想和邻居小朋友玩，但是每次他都绕开我。

我见到了幼儿园时的玩伴，他问我，嘿！还记得我吗？

我摇摇头，他伤心地走开了。

名字真的那么重要吗？为什么我叫不出别人名字时，他们会不开心？

听 卡 耐 基 讲 故 事

当我到白宫访问的时候总统非常愉快，他叫我的名字，使我感到非常安适，给我留下深刻印象的是，他对我要说明及告诉他的事项真切注意。罗斯福对围观的那群人说："这车真奇妙，你只要按一下开关，即可启动，你可不费力地驾驶它。我认为这车非常好——尽管我不懂

它是如何运转的。我真希望有时间将它拆开，看看它是如何发动的。"

当罗斯福的许多朋友及同仁对这辆车表示羡慕时，他当着他们的面说："张伯伦先生，我真感谢你，感谢你设计这车所费的时间精力。这是一件杰出的工程！"他赞赏反光镜、时钟、照射灯、椅垫的式样、驾驶座位的位置和衣箱内有不同标记。换言之，他注意每件细微的事

情，他了解这些有关我的情况是费
了许多心思的。他特意嘱咐罗斯福
夫人、劳工部长及他的秘书波金女
士注意这些设备。他甚至还对老黑
人侍者说："乔治，你特别要好好
地照顾这些衣箱。"

乔治棒棒哒！

当驾驶课程完毕之后，总统转
向我说："好了，张伯伦先生，我想我该回去工作了。"

我带了一位机械师到白宫去，把他介绍给罗斯福。他没有同总
统谈话，而罗斯福只听到他的名字一次。他是一个怕羞的人，躲避
在后面。但在我们离开以前，总统找寻这位机械师，与他握手，呼
唤他的名字，并谢谢他到华盛顿来。他的致谢绝非敷衍，确是一种
真诚，我是能感觉到的。回到纽约数天之后，我接到罗斯福总统亲
笔签名的照片，并附有简短的致谢信，再对我给他的帮忙表示感激。
他竟会花时间这样做真令我感到激动万分！

心 理 弱 点

即使见过几次依然对不上别人的名字。

觉得不熟悉的人即使知道名字，但是也不愿记住他。

不熟，也不想熟！

叫不出别人的名字自己认为很正常。

记名字是个技术活！

心 理 暗 示 分 析

人们极重视他们的名字，因而他们竭力设法使之延续，即使牺牲也在所不惜。人们一向不注意到别人的名字，而只关心自己的名字是否被别人注意到。

记住他人的姓名，它是语言当中最甜蜜最重要的声音。 名字令我们与众不同，成为独一无二的自己，沟通中一旦道出对方姓名，我们所传递的信息或是请求就增添了一层特别的色彩。

纠 正 错 误 总 结

1. 一种最简单、最明显、最重要的获得好感的办法。

那就是记住他人的姓名，使他人感觉自己对于别人很重要。

2. 记住姓名的能力在事业与交际上的重要性，和在政治上差不多同等重要。

他记得我！他重视我！

多亏了小刘你呀！

3. 多数人不记得姓名，只因为他们没有下必要的功夫与精力去记。

他们给自己找借口：太忙。

哪有工夫记这个……

记住别人的名字是一件非常重要的事情，记住对方的名字，而且很轻易就叫出来，等于给予别人一个巧妙而有效的赞美；若是把人家的名字忘掉或写错了，你就会处于一种非常不利的地位；谁都希望自己能够被人记住，谁都希望自己的名字受人重视；留心记住那些看来对你有用的人的名字，这不仅仅是礼貌的问题，而是你不知道在什么时候你就需要他的帮助；记住别人的名字便是关系和财富的积累，当你在困难时它经常带给你出乎意料的惊喜和帮助；我们应该注意一个名字里所能包含的奇迹，并且要了解名字是完全属于与我们交往的这个人，没有人能够取代；一个人的名字，对他来说，是任何语言中最甜蜜、最重要的声音。

卡耐基有话说

10 迎合他人的兴趣

如果你要使人喜欢你，如果你想让他人对你产生兴趣。

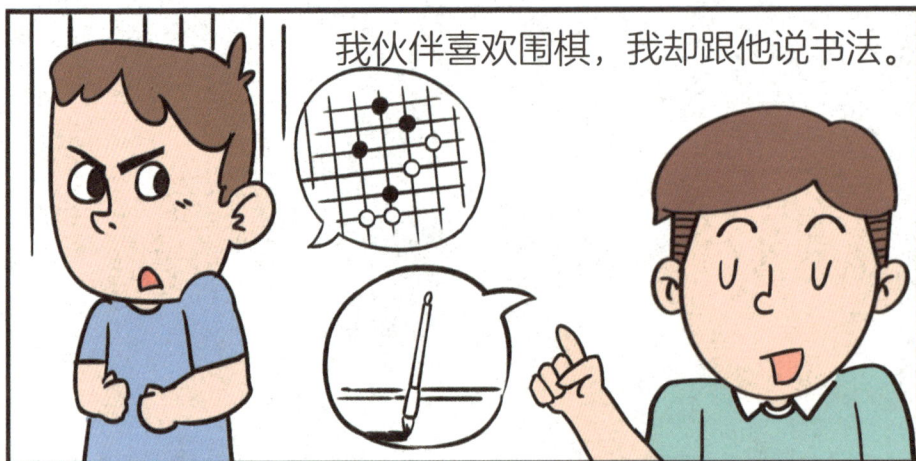

我伙伴喜欢围棋，我却跟他说书法。

爷爷想和我下象棋，而我只想下跳棋。

我想让爷爷听我的，可是爷爷很不开心地回自己屋里。

和同学们在一起聊天，大家都在谈论魔方。

我却一直说四大名著，他们不理我默默地走开了。

为什么大家不爱跟我一起玩？

听卡耐基讲故事

杜佛诺公司是纽约一家面包公司，杜佛诺先生想方设法将公司的面包卖给纽约一家旅馆。4年以来，他每星期去拜访一次这家旅馆的经理，参加这位经理所举行的交际活动，甚至在这家旅馆中开了房间住在那里，以期得到做生意的机会，但他还是失败了。

得想办法让他们买我的面包！

杜佛诺先生说，"后来，在研究人际关系之后，我决定改变自己的做法。我先要找出这个人最感兴趣的是什么——什么事情能引起他的热心。

投其所好很关键哪！

"我后来知道，他是美国旅馆招待员协会的会员，而且他也热衷于成为该会的会长，甚至还想成为国际招待员协会的会长。不论在什么地方举行大会，他都会越过山岭，飞过沙漠和大海参会。

"所以在第二天我见他的时候，就开始谈论关于招待员协会的事。我得到的是一种非常好的反应！他对我讲了半小时关于招待员协会的事，他的声调充满热情激动。我可以清楚地看出，这确实是他很感兴趣的业余爱好。在我离开他的办公室以前，他劝我也加入该会。

"这次谈话，我根本没有提到任何有关面包的事情。但几天以后，他旅馆中的一位负责人给我来电，要我带着货样及价目单去。

"'我不知道你对那位老先生做了些什么事，'这位负责人招呼我说，'但他真的被你搔着痒处了！'

"试想一想！我对这人紧追了4年，尽力想得到他的订单，我若不动脑筋去想、去找他所感兴趣的东西，恐怕我还是一无所获。"

心 理 弱 点

我不喜欢迎合他人，我想以自己的意愿为主。

迎合他人会不会让别人瞧不起呢？

为什么不是迎合我，而是迎合别人。

心 理 暗 示 分 析

如果你想打动他人的心，你就必须让他感觉你和他的兴趣是相似的。如果你想让他人对你产生兴趣那就谈论别人感兴趣的话题。

　　谈论对方感兴趣的话题可以使双方都获利。每个人都有各自不同的兴趣与爱好，一旦你能找到其兴趣所在，并以此为突破口，那你的话就不愁说不到他的心里。

纠 正 错 误 总 结

1. 与人沟通的诀窍就是：谈论他人最为愉悦的事情。

2. 如果你要使人喜欢你，如果你想让他人对你产生兴趣。

你必须注意的一点是：谈论别人感兴趣的话题。

谈论对方最在乎的事情，是直抵对方内心深处的捷径；

如果不是一开始就找到了对方感兴趣的话题，借此拉近距离，对方就不会平易近人；

想要直击人心，就要拿他最关心的事作为话题；

每个人都有各自不同的兴趣与爱好，一旦你能找到其兴趣所在，并以此为突破口，那你的话就不愁说不到他的心里；

共同的爱好、兴趣，也可能成为彼此友谊的纽带；

审时度势，化被动为主动，投其所好，抓住契机，最终就可以达到预期目标。

卡耐基有话说

认真倾听别人的倾诉虽是细枝末节，但却体现了你谦逊的教养，能展现你的素质。

11 做一个优秀的倾听者

在新的学校，我想同学们都听我说话。

我经常夸奖别人。

妈妈在批评我时我只想告诉她我为什么这么做。

朋友们谈论话题时我总是插不上话。

我想和所有人说说自己的故事，为什么大家不听我说呢？这是什么原因造成的？

听 卡 耐 基 讲 故 事

在近海的新泽西，乌顿先生在一家百货商店买了一套衣服。这套衣服令人失望：上衣褪色，把他的衬衫领子都弄黑了。

后来，他将这套衣服带回该店，找到卖给他衣服的店员，他想诉说此事的经过，但被店员打断了。"我们已经卖出了数千套这种衣服，"这位售货员反驳说，"你还是第一个来挑剔的人。"

看，你们这衣服掉色！

您真挑剔！

都是这样的，习惯就好啦……

正在激烈辩论的时候，另外一个售货员加入了。"所有黑色衣服起初都要褪一点颜色，"他说，"那是没有办法的，这种价钱的衣服就是如此，那是颜料的关系。"

"这时我简直气得冒火，"乌顿先生讲述了他的经过，他说，

"第一个售货员怀疑他的诚实，第二个暗示我买了一件便宜货。我恼怒起来，正要与他们争吵，突然经理走了过来，他懂得他的职责。正是他使我的态度完全改变了。他将一个恼怒的人，变成了一位满意的顾客。他是如何做的？他采取了三个步骤：

"第一，他聆听我的经过，不说一个字。

"第二，当我说完的时候，售货员又开始要插话发表他们的意见，他站在我的观点与他们辩论。他不仅指出我的领子明显地为衣服所污染，并且坚持说，不能使人满意的东西，就不应由店里出售。

"第三，他承认他不知道毛病的原因，并率直地对我说：'你要我如何处理这套衣服呢？你说什么，我可照办。'

"就在几分钟以前，我还预备要告诉他们退掉那套可恶的衣服。但我现在回答说：'我只要你的建议，我想知道这种情形是否暂时的，是否有什么办法解决。'

"他建议我这套衣服再试一个星期，'如果到那时仍不满意，请您拿来换一套满意的。让您这样不方便，我们非常抱歉。'

"我满意地走出了这家商店。到一星期后这衣服没有毛病。我对于那商店的信任也就完全恢复了。"

这样才对嘛！

心 理 弱 点

总是急于表达自己的故事，忽略对方倾诉的需求。

有时会打断别人的谈话，让对方失去分享的兴趣。

急于表达自己的意见，从而打断对方的谈话，事情的真实性并不清楚。

心 理 暗 示 分 析

对方的倾诉，要认真去听。不能从头到尾只说自己的事情。

对方讲话时，不要打断并插入自己的意见。即使对方头脑反应较慢，也不能在他说一半时毫不客气地打断。

纠正错误总结

1. 始终挑剔的人，甚至最激烈的批评者，常会在一个有耐心和同情心的倾听者面前软化态度——这位倾听者即使在寻衅者像大毒蛇张开嘴巴的时候也要倾听。

你慢慢说，我在听。

2. 如果你希望成为一个善于谈话的人，那就先做一个注意倾听他人之人。

如果你想使人对你感兴趣，那就先让他人对你感兴趣。问别人喜欢回答的问题，鼓励他谈论自己及他所取得的成就。不要忘记在与你谈话的人，对他自己、他的需要、他的问题，比对你及你的问题要感兴趣 100 倍。

您说得真对！

倾听的耳朵是虔诚的，倾听的心灵是敏感的；有了倾听的耳朵和愿意倾听的心，你才会拥有忠实的朋友；

倾听，是一种平等而开放的交流；

认真倾听别人的倾诉虽是细枝末节，但却体现了你谦逊的教养，能展现你的素质；

学会倾听是你人生的必修课；学会倾听你才能去伪存真；学会倾听你能给人留下虚怀若谷的印象；学会倾听，有益的知识将盛满你的智慧储藏室；

倾听就像海绵一样，汲取别人的经验与教训，使你在人生道路上少走弯路，经过你有目标的艰苦奋斗，使你能顺利地到达理想目的地；

倾听是人的本能，通过倾听来接受外界的信息；倾听是你了解认识这个世界的重要途径；要做一个善于辞令的人，只有一种办法，就是学会听人家说话；

只愿说而不愿听，是贪婪的一种形式。

卡耐基有话说

人际交往中，给人面子不仅是一种尊重，更是一种聪明。

12 顾全他人的面子

今天我是值日班长，我发现有个同学垃圾没倒，于是我大声训斥，同学面红耳赤，第二天也不理我。

老师脸红地解释自己生病还没痊愈。

老师也会迟到啊！

我不过是说了实话，为什么大家不高兴呢？

听 卡 耐 基 讲 故 事

宾州的佛雷德·克拉克谈到了发生在他们公司的一段插曲。

你这个骗子！

"有一次开生产会议的时候，副总裁提出了一个尖锐的问题，是有关生产过程的管理问题。由于他气势汹汹，矛头指向生产部负责人，一副准备挑错的样子。为了不愿在同事中出丑，生产部负责人对问题避而不答。这使副总裁更为恼火，直骂生产负责人是个骗子。"

"再好的工作关系，都会因这样的火爆场面而毁坏。凭良心说，那位负责人是个很好的雇员。但从那天开始，他再也不能留在公司里了。几个月后，他转到了另一家公司，据说表现很不错。"安娜·玛桑也谈到相同的情形，但因处理方法不同，结果也不一样。玛桑小姐

全错了啊！

要开会了，可咋整？

在一家食品包装公司当市场调查员，她刚接下第一份差事——为一项新产品做市场调查。她说道："当结果出来的时候，我几乎崩溃，由于计划工作的一系列错误，整个结果当然完全错误，必须从头再来。更糟的是，报告会议即将开始，我已经没有时间同老板商量这件事了。"

"当他们要求我做报告的时候，我吓得发抖。我尽量使自己不致哭出来，免得又惹得大家嘲笑，因为太过于情绪化了。我简短地说明了一下情形，并表示要重新改正过来，以便在下次会议时提出。坐下后，我等待老板大发雷霆。出乎意料，他先感谢我工作勤奋，并表示新计划难免都会有错。他相信新的调查一定正确无误，会对公司有很大助益。他在众人面前肯定我，相信我已尽了力，并说我缺少的是经验，而非能力。我挺直胸膛离开会场，并下定决心不再有第二次这种情形发生。"

错误是难免的嘛，要加油哦！

心 理 弱 点

当我们发现别人的错误时总是不顾及场合的指出来。

我们总是希望别人能给足自己面子，但是却忽略别人的面子。

心 理 暗 示 分 析

不要看不起人。有的人仗着自己面子大，不把别人放在眼里，但是如果碰到死要面子的人，他可能会撕下脸皮与你对着干，这样就会把事情弄得很糟糕。

能留面子则留面子。在与人相处的过程中，如果你给别人面子，会让别人觉得有尊严，他会记得你的好，有的人甚至愿意付出更大我牺牲来帮助你。

在公众场合，不让对方难堪。有的人为了打击对手，在公众场合让人难堪，这样只会给自己留下祸害，要使人感觉到体面，在公众场合尽量避免使对手难堪。

指出别人毛病不要太直接。指出别人毛病，可以假借别人之口，巧妙的转几个弯，把意思传达到他人的脑子里。

能小点声吗？

看！你又忘了！

纠 正 错 误 总 结

1. 保留他人的面子。这是一个何等重要的问题！而我们却很少会考虑到这个问题。

2. 纵使别人犯错，而我们是对的，如果没有为别人保留面子，就会为彼此之间增添诸多麻烦。

你可真丢人！

观察身边的人，我们不难发现，越是地位高的人，越是谦虚待人，处处照顾别人的面子；

并不是别人有多优秀、多值得，而是因为他们深谙为人处世之道；

人际交往中，给人面子不仅是一种尊重，更是一种聪明；

面子是为自己创造价值的东西，不能死要面子活受罪，更不能咄咄逼人不给别人留面子；

与人交往，给人留足面子，是一个成熟的成年人应有的情商；

留点余地，才可能从容转身，话不可说绝，事不可做尽，拒绝时别忘给人留个台阶，内心多一分爱，生活就会多一分惊喜，凡事只达七八分处才有佳趣产生；

给人"面子"，你也会有"面子"，给人"面子"就是给人一份厚礼，给人方便就是给自己方便，别让他人尴尬，点到为止即可。

卡耐基有话说

同情是全人类生存最主要的，也许是唯一的法则；

13 同情对方

同学摔倒了，我没有扶她。

她看了我一眼之后很久没理我。

老师感冒了，坚持上课。

我仍然做小动作，老师很不高兴。

妈妈加班回到家,我问:什么时候吃饭?

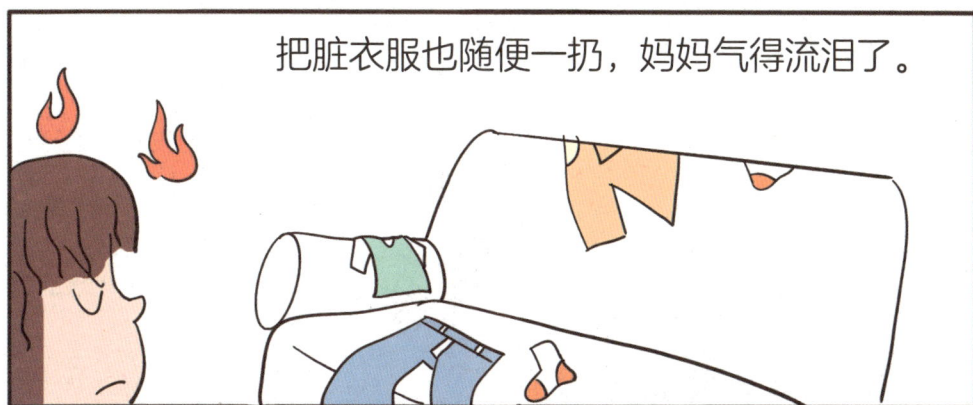

把脏衣服也随便一扔,妈妈气得流泪了。

为什么大家对我不满?

听卡耐基讲故事

华盛顿的一位太太，为了让她的儿子更有地位，连续两个月跑来找我。她的丈夫在政界有些势力，她便拉拢参众两院议员来帮她的儿子说话。但那个岗位必须有专门的知识，所以我按照局长的推荐，指派了别人。

哎呀，太夸张啦!

你这个忘恩负义的家伙!

于是，她写了一封尖酸刻薄的信给我，说我只要说说话便可完成令她愉快的事，可是我却忘恩负义。并说她为了让我关心的法案通过，曾特地努力劝说她那一州代表赞成此案，而我竟如此报答她。任何人接到这样的信，一定都会生气，进而想去惩罚她的无礼，尽快写反击的信。可是，一个聪明的人是不会那样做的，聪明的人会把信收到抽屉里，两三天以后再拿出来。经过了这一段时间再看的话，就不会想寄出去了，我采用了这个聪明的方法。于是，我坐下来写了一封和气的回信，跟她说我很了解她失望的心情，但是人事的委任并不是能完全由我做主，因为这个位置非有专门的技术不可，我必须遵照局长的推荐。我强调她的儿子现在的职务非常好，如果再继续努力，一定能升到更高的职位。这封信寄出去后，她可能会觉得很不好意思吧！但是我提的建议，并没有立刻确认。

居然挺有礼貌……

不久之后，我又收到她丈夫寄来的信，但笔迹和前一封相同。上面说她因为那件事很忧郁，现在变得有点神经衰弱，并且还得了胃癌，现在正濒临死亡边缘。若能改任她的儿子，也许就会转好。于是我非再回一封信不可，这次是给她丈夫，说我很同情她的病，希望诊断是错误的，可是人事是不能随便更改的。又过两天，我开了一个音乐会，最先来的就是这对夫妻，同情心发挥了重要作用。

儿子好我就好了！

心 理 弱 点

大多数人的心理是：事不关己高高挂起。

看到别人受伤，不去安慰，觉得自己过得也不舒心。

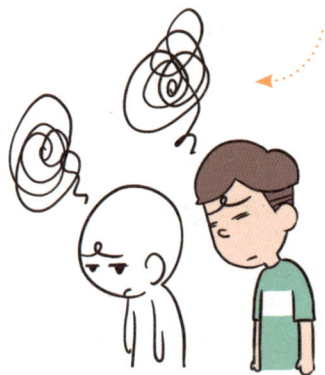

心 理 暗 示 分 析

我很理解你的处境。

你明天要遇见的人，有四分之三以上是渴望别人的同情，给他们同情，保证会受到他们的喜欢。

一般人都渴望同情，小孩子急于显示他的伤口，甚至故意割伤以博取大人的同情，成人亦常夸张自己的危难，特别是重病施手术的经过，"自怜"是人们普通的习惯。

纠 正 错 误 总 结

1. 有这么一句神奇的妙语，它可以阻止人们辩论，消除他人产生的厌恶感，并给他人留下一个良好的印象。这句话就是："我一点也不奇怪你有这种感觉。如果我是你，也会与你的感觉一样。"

2. 人类普遍地追求同情。儿童迫切地显示他受到的伤害或故意受伤，以收获大量的同情。

这样他们就关心我了。

同情仅仅次于爱，是人心最圣洁的感情；

在社会中获取成功的秘诀是要有一定的热诚和同情；

同情是人类与生俱来的天性；

同情是全人类生存最主要的，也许是唯一的法则；

受到同情安慰是最甘甜的；

通过同情去理解并且经受别人的痛苦，自己也会内心丰富；

但凡人生遇到不幸的人，再碰到别人对他的痛苦表示同情，无论是真是假，总是最容易引起他的好感的。

卡耐基有话说

赞扬是一种精明隐秘和巧妙的奉承，它从不同的方面满足给予赞扬和得到赞扬的人。

14 首先，要赞美对方

同学自己做出来一个机器人给我看。

我说，这有什么稀奇的？

老师说我们班得到了流动红旗，大家都在高兴，我却觉得这不过是一面旗子而已。

爸爸升职了，回家开心地对我和妈妈说着这个好消息。

我却说，有什么了不起？

为什么我回答后他们
为什么不高兴？

听 卡 耐 基 讲 故 事

下面就是林肯写给胡克将军的信：

我已经任命你为波多马克军队的首长。当然，我之所以这样做，自然有我认为很充分的理由。不过我想最好还是让你知道，有些事我对你并不十分满意。

我很生气！

又数落我！

我相信你是一位勇敢多谋的将军，那当然是我喜欢的。我也相信你不会将政治与你的军职混淆起来，在这件事情上，你做得很不错。你对自己很有信心，这正是一种极有价值同时也是不可或缺的性格。你有雄心壮志，这在相当范围内是有益而无害的。

但我认为，在伯恩赛将军统领军队时，你曾表现出你自己的个人野心，竭力地阻挠他。你在这件事情上，对国家以及对一位功勋卓著、享有盛誉的军官来说，都是极大的过错。我曾听说，并因为言之确凿而不得不相信，你最近曾说军队与政府都需要一位独裁者。当然，我并不是

有野心是坏事吗？

因为这个原因，而是我并不顾及这个原因，才授予你军队统帅权的。只有赢得胜利的将领才有可能成为独裁者。我现在对你要求的是军事上的胜利，所以不惜冒独裁的危险。政府将尽一切能力帮助你，正如以往及今后对于所有将领的支持一样。我十分担心你以前带到军队中的那些思想——批评及不信任将领，它将回报到你的身上。我会尽力帮助你肃清这种思想。当这种思想在军队中蔓延时，不会有什么好处。现在，你千万要小心，绝不可轻率从事，但要以充沛的精力和永不疲倦的努力前进，并带给我们胜利。

我是跟你学的！

心 理 弱 点

我不喜欢赞美别人，我觉得自己就是最好的。

赞美别人总感觉是在讨好别人一样。

我不知道怎么赞美别人，我看不到他们的优点。

心 理 暗 示 分 析

用赞美的方式开始，就好像牙科医生用麻醉剂一样，病人虽然仍要受钻牙之苦，但麻醉剂却能消除这种痛苦。

在受人赞美以后，再听些不快意的事，自然容易入耳得多。

我还是有优点的！

纠 正 错 误 总 结

1. 如果你要在某方面改进一个人，就要做得好像某种特点已经是他的显著特性之一。

差不多每一个人 —— 富人、穷人、乞丐、盗贼 —— 都会重视自己的名誉。

2. 如果他得到你的尊重，并且你对他的某种能力表示认可，他就很容易受到引导。

他尊重我我才听！

赞扬，像黄金钻石，只因稀少而有价值；

称赞不但对人的感情，而且对人的理智也起着巨大的作用；

人之赞我，于我未加一丝；人之担我，于我未减一毫；

只凭一句赞美的话我就可以充实地活上两个月；

魅力是为远处的赞美而存在的；

赞扬是一种精明隐秘和巧妙的奉承，它从不同的方面满足给予赞扬和得到赞扬的；

赞美别人就是把自己放在同他一样的水平上；

如果我们为人正直，工作勤奋，就会得到人们的称赞；然而得到自己的赞许却有百倍的意义。

卡耐基有话说

胜利者不一定是跑得最快的人，
而是最能持久的人。

15 激励对方走向成功

同学在做一个机器人，可是手怎么都抬不起来。

我说你这机器人肯定不能成功，
他拿着机器人生气地走开了。

考完试，我对同学说，你平时那么马虎，怎么可能考好？

邻居小朋友知道这次我是班级第一，跑来说，以后也要得第一。

我说，你这成绩可不能得第一，追不上我。

我觉得我没有说错，可是他们都不理我，我很难过，这是为什么？

听 卡 耐 基 讲 故 事

干得漂亮!

罗珀先生对年轻的印刷工说"你干得很棒",还特别指出了对方工作中令人称许的细节。他的夸奖有理有据,而不是假意逢迎,因此听者会格外珍惜。人人都喜欢被称赞,但只有具体化的称赞才能够使人信服,不会被对方当作安慰一笑置之。请记住,尽管每个人都渴求赞许和认同,为此不惜付出一切代价,但是没有人需要虚伪和奉承。请允许我再次重复:书中所授全部原则,只有出自真心,才能够发挥应有的效用。我并不提倡钻营取巧。我所倡导的,是一种全新的生活态度。说到改变他人,如果你能启发他人意识到自身潜能,那么其意义将远胜于改变他人,

嘿嘿,你可真棒!

甚至堪称重塑对方的人格。听起来很夸张吗？那么不妨来读读美国最负盛名的哲学家、心理学家威廉·詹姆斯的精辟见地：和人类所具备的潜能相比，我们仍处于蒙昧之中。

人类潜能无穷！

人类的身心力量只有极小部分得到了发挥。广义而言，人类个体远未到达极限。人类囿于自身习惯，从未将与生俱来的诸多能力发挥至极致。是的，正在读此书的你，可能也囿于自身习惯，从未将与生俱来的诸多能力发挥至极致。赞许就是其中一种你未尽其用的强大能力。你的赞许能够让他人发觉自身潜在的无限可能。潜能如同花蕾，在批评中枯萎，为赞许而盛放。

嘻嘻嘻，还好啦！

你做事认真这点特别让人敬佩！

心 理 弱 点

别人怎么样与我无关，我为什么要激励他们？

如果我激励他们，他们成功了，那我怎么办？

我很想激励别人，但是我不知道怎么做，怎么办？

心 理 暗 示 分 析

称赞他人的每个进步，即使十分微小，要"诚于嘉许、宽于称道"。将批评降至最低限度而着重强调表扬，人们的善举会被巩固，不良行为因为未被关注会逐渐弱化。激励别人也能使他人产生自信。

这不是批评，是激励！

纠 正 错 误 总 结

　　1. 假如你要激励别人，激发他们潜藏的优势。你所能做得比想象中更多，你真能改变他们。

　　2. 与我们本来应有的成就相比较，我们不过是半醒着，我们现在只利用我们自身资源的一小部分。

你的潜能大着呢！

我要激发自己的潜能！

要想成功，就千万不能忽视任何事情，他必须对一切都下功夫，那也许还能有所收获；

最有希望获得成功者，并不是才干出众的人，而是那些最善于利用时机去努力开创的人；

不是因成功才满足，而是因满足才获得成功；

胜利者不一定是跑得最快的人，而是最能持久的人；

称赞别人，激励他们，认识他们可能拥有的神奇能力；

多用鼓励，使别人的错误更容易改正。

卡耐基有话说

没有人爱听命令，即使你们的感情真的很好，也最好不要这样做，那会让你失去别人对你的尊重和信任。

16 没人喜欢接受命令

大家一起在做游戏，我想让他们听我的。

可是大家却没人听我的，反而都不跟我玩。

班级选班干部，老师问我要不要当小组长？

我却说小组长没意思，想要当体育委员。

老师很不满意我的态度。

我只是想表达自己的想法，只是想大家听听我的意见，为什么大家这么抵触？

听 卡 耐 基 讲 故 事

丹·圣雷利在宾夕法尼亚州一所职业学校担任教师，他向我们讲述了这样一件事。他的一名学生在校园里违规停车，挡住了学校商店门口的路。于是一名教员生气地冲进教室，不耐烦地问："谁的车把路挡上了？"车主回应后，这位教员嚷道："马上给我把车挪走，不然我就用铁链把你的车拖走！"

马上挪走！

确实是学生有错在先，不应该把车停在那里；但从那天起，不仅这名学生记恨那位教员，教室里的其他学生也联合抵制那位教员，做出种种让他难堪不快的举动。

如果他当时换一种处理方式，结局还会是这样吗？如果他友善地问，车道上是谁的车？然后建议车主把车移一移，方便其他车开进来，那名学生一定会心平气和地去挪车，也没有人会对此愤愤不平。

　　将命令改为问句不仅听起来更悦耳，还能够激发动力。如果对方参与了决策过程，他就更乐于付诸实施。

心 理 弱 点

我们总是喜欢自己说什么，别人就听什么，但是别人并不习惯听命于人。

觉得命令的口吻很难让人接受。

为什么总是指挥别人干事？

心 理 暗 示 分 析

我们要建议对方，而不是直接下命令给对方。我们要以引导代替命令。

在发问时，别用直接的命令。询问以及建议的方式更好拉近人与人之间的距离，增加平和感。

你们觉得这个方案这么改好不好呀？

纠正错误总结

1.不是教育他人做什么，而让他人自己去做，自己在错误中学习。

这种办法容易让一个人改正错误，保持个人的尊严，给他一种尊重感，他就会与你保持合作，而不是背叛。

2.无礼的命令只会导致长久的怨仇——即使这个命令可以用来改正他人明显的错误。

还不快去！

己所不欲，勿施于人；

不要命令你的孩子绝对服从你，因为绝对服从的都是没有生命的，落叶不会逆风而飞；

如果你能转换一下角度，转换一下语气适当的体谅一下别人的感受，凡事以商议的口气和给对方留有余地的方式，提出建议或想法，对方会因为你的这份尊重而乐意多考虑你的建议；

我们都有一种逆反的心理，我们不喜欢别人要求我们一定去做什么；

命令是日常生活中的祸根与毒药；

若是你觉得必须去完成的事情，就尽量用商量的语气，千万不要强行的命令别人去做，命令往往会把好事搞砸，带来与人的本意相反的结果；

没有人爱听命令，即使你们的感情真的很好，也最好不要这样做，那会让你失去别人对你的尊重和信任；

我们不要命令别人去做什么，而是跟别人商量，或者给出建议：商量的魅力在于，使自己学会从别人的角度思考问题。

卡耐基有话说

人都是容易忘记感谢的动物，如果我们一直期望获得别人对我们施以的帮助感恩，常常是自寻烦恼。

17 不要指望别人感激你

我放学回家，看到妈妈还没回来。

我把家里打扫得干干净净，本来以为妈妈会表扬我。

结果妈妈回来没有反应，我很难过。

听 卡 耐 基 讲 故 事

在我小的时候，薇奥拉姨妈把她母亲接到家里来照顾，同样也照顾她婆婆。现在我闭上眼睛还能回想起那两位老太太坐在薇奥拉姨妈家壁炉前的情景。她们会不会给薇奥拉姨妈惹来什么麻烦呢？我想这是常有的。但你从她的态度上一点也看不出来。她爱这两位老太太，所以她顺从她们，关爱她们，让她们过得非常舒适。此外，薇奥拉姨妈还有 5 个孩子。

她从未想到这样做有什么特别的，或者说接两位老太太来家里住有什么值得赞美的。这对她来说是很自然的，也是该做的，并且也是她希望做的。

这都是我应该做的！

和家人一起最开心。

现在薇奥拉姨妈在哪里呢？她现在已经守寡 20 多年了，而且 5 个孩子已经成年，都组成了自己的小家庭——他们争着要跟她住在一起，让她住自己家。她的孩子们爱戴她，都不想离开她。这是因为"感恩"吗？不是。这是爱，是纯粹的爱。这些孩子在童年时代就懂得了爱心的温暖，现在情形反过来了，他们也回报爱心，这有什么奇怪的？

回报妈妈给我们的温暖！

心 理 弱 点

我们对别人好总是希望他能感恩自己。

为人父母者一向怨恨子女不知感恩。

我们总是因为别人忘恩负义而悲伤。

心 理 暗 示 分 析

如果我们一直期望别人感恩，多半是自寻烦恼。在这世上真正能得到爱的唯一方式，就是不索求，相反的，还要不求回报的付出。

寻求快乐的一种途径是不要期望他人感恩，付出是一种享受施与的快乐。

纠 正 错 误 总 结

1. 如果我们一直期望别人感恩，多半是自寻烦恼。

我还应该感谢谁来着？

2. 要追求真正的快乐，就必须抛弃别人会不会感激的念头，只享受付出的快乐。

付出不求回报才快乐！

3. 与其担心他人不知感恩，不如不予预期。

怎么还不来谢我？

如果你苛求别人的感恩，那么你就犯了一个很常识性的、一般性的错误，因为你真的太不了解人性了；人都是容易忘记感谢的动物，如果我们一直期望获得别人对我们施以的帮助感恩，常常是自寻烦恼；我今天会碰到多言的人、自私的人、以自我为中心的人、忘恩负义的人。我也不必惊讶或困扰，因为我还想象不出一个没有这些人存在的世界；与其担心他人不知感恩，不如忘记它。

卡耐基有话说

不要喋喋不休、吹毛求疵

你要知道你所有的唠叨、喋喋不休，带给大家的从来不会是正向的思想，而是无休止拖垮家人或者朋友意志的利器。

我和好朋友在路上走着，我一直在说话。

他突然大声说："不要唠唠叨叨了，烦死了！

我愣在原地。

妈妈回来了，我也是一个劲说话。

妈妈也不耐烦地说，请我安静。

我只想和大家多沟通，
我到底错在哪？

听 卡 耐 基 讲 故 事

林肯夫妇婚后和雅各布·厄尔利太太同住。雅各布太太是斯普林菲尔德一位医生的遗孀，丈夫过世后，她不得不把房间出租以维持生计。一天早晨，林肯夫妇正在用餐的时候，林肯的某个举动激起了妻子的怒火。没有人记得当时究竟是为了什么事，只记得林肯夫人在盛怒之下端起热咖啡，当着所有人的面狠狠泼到丈夫脸上。

让你顶嘴！

林肯什么话也没有说，耻辱而沉默地坐在原地，一动未动。厄尔利太太赶忙拿来湿毛巾，帮他擦净脸和衣服。林肯夫人的嫉妒心既愚蠢又匪夷所思，单单是读到这些令林肯当众出丑的场面，都让人深感震惊。林肯夫人最终在晚年的时候精神失常。人们大概只能将她那些不可理喻的行为解释为精神紊乱的早期表现。她的唠叨与斥责令林肯有所改变吗？在某种意义上，是的——她成功地改变了林肯对她的态度，让林肯后悔与她结婚，并尽可能地对她避而不见。

我爱工作！

在斯普林菲尔德共有十一个人以律师为职业。小城里生意少，他们就骑马跟着大卫·戴维斯法官从一座城走到另一座城，借此包揽了第八司法区的所有诉讼业务。

每到周末，其他律师总会想办法赶回斯普林菲尔德与家人团聚。然而林肯却刻意一连几个月不进家门，躲斯普林菲尔德远远的，年复一年地借住在乡下的小旅店里。旅店条件简陋，他却觉得与家中夫人的唠叨比起来如同天堂。林肯夫人的喋喋不休没有为她带来任何好处，只酿成了令她悔恨终生的悲剧。

话多招人烦呀！

心 理 弱 点

在生活中我们总是喜欢对别人喋喋不休，希望他们能按照我们要求做。

我们对于父母也好，孩子也好，总是希望他们做得很优秀，却忽略了他们的努力。

我们在生活中总是控制不住自己的脾气，伤害身边的人。

心 理 暗 示 分 析

喋喋不休的人会显得浅薄俗气。我们要改掉喋喋不休的毛病，要不家里的人会对你失去耐心。

尽量做到就事论事，言语简洁，对于家务活也好，自己有什么不满也好，都提出来讨论解决，不要只顾抱怨。

纠 正 错 误 总 结

与人交往，第一件应学的事情就是不要干涉他们自己快乐的特殊方式。

唠叨不休，给孩子最大的"帮助"是干扰孩子的读书情绪，令他觉得像是罪犯般被人监视着一举一动。

> 全让妈妈看见了！

"喋喋不休"和"口才好"，完全是两件事。

喋喋不休和沉默不语，前者令人厌恶，后者令人敬畏。

> 卡耐基有话说

19 戏剧性地表现自己的意图

如果你要使别人喜欢你，如果你想他人对你产生兴趣，请你注意的一点：谈论别人感兴趣的事情。

我被选为班干部，本来就是靠着自己的努力。

但是他们说是因为妈妈和班主任关系好，我才选上的，我特别生气。

考试得了前三名，老师问我，这是真实成绩吗？我十分恼火。

听 卡 耐 基 讲 故 事

普顿要作一个长篇的市场报告，他的公司为一家最著名的润肤膏品牌做了一个详细的研究。业主是一位最大、也最可畏的广告业主。他的第一次接洽彻底失败了。

"我第一次进去，觉得自己走错了路，进入到无用的讨论和调查方法上去。他辩论，我也辩论：他告诉我错了，我则竭力证明我是对的。最后我胜利了，我很满意 —— 但我的时间到了，会谈结束，我没有获得任何收效。第二次，当我进入办公室时，他正忙着接电话，他打完电话时，我打开一只皮箱，取出 32 瓶冷膏的竞争品。在每只瓶上，有一标签，上面列举商业调查的结果，并简要地叙述它的故事，结果如何？不再有辩论了。这里是些新的、不同的东西，他捡起一瓶又一瓶的冷膏瓶来阅读签上的说明。一个友好的谈话展开了，他深感兴趣地问了一些另外的问题。本来他只给我 10 分钟时间陈述事实，但 10 分钟过去了，20 分钟，40 分钟，快到了 1 小时，我们还在交谈。这次我是陈述我以前所陈述过的同样事实，但这次我采用了充满戏剧化的表演术 —— 它所产生的区别多么大。"

心 理 弱 点

生活中，往往大家表达诉求时都是直述，而忽略了要戏剧性表达这件事。

戏剧性表达自己诉求时大家往往觉得矫揉造作。

沟通时往往在意结果而忽略了过程才是最重要的，它会影响结果。

心 理 暗 示 分 析

与人相处中，我们要学会戏剧性地表达自己的意图，从而达到事半功倍的效果。

戏剧化表达可以让人清晰的了解你的意图。在沟通中清晰表达你的意思的往往不是语言，而是肢体动作、表情和眼神。因此沟通中加上动作和眼神，再加上适当的剧本和好听的声音，能让沟通更加顺畅。

人的大脑往往对于新鲜的、新奇的、独一无二的事物会印象极为深刻。所以生活中需要有一些仪式感，例如毕业典礼。

纠 正 错 误 总 结

1.这是一个充满戏剧性的时代，仅靠一点点语言的叙述是不够的。

真理需要我们使之更生动、更有趣、更加戏剧化，你必须恰当运用表演的艺术。

2.现在是音像化的时代，请给事实以动作，以新手法活泼地演出，电影、视频、电视等等，都利用了这样的手法。

要引人注意，这是比什么都有效的。

看这里看这里！

我的生活常常是戏剧性的，但绝对不是悲剧性的；

所谓命运，就是说，这一出"人间戏剧"需要各种各样的角色，你只能是其中之一，不可以随意调换；

将自己的热忱与经验融入谈话中，是打动人的速简方法，也是必要条件。如果你对自己的话不感兴趣，怎能期望他人感动；

如果你要使别人喜欢你，如果你想他人对你产生兴趣，你注意的一点是：谈论别人感兴趣的事情；

如果你是对的，就要试着温和地、有技巧地让对方同意你；如果你错了，就要迅速而诚恳地承认。这要比为自己争辩有效和有趣得多。

卡耐基有话说

每个人的生活遭遇都是独一无二的。

20 坚信自己是独一无二的

新年晚会我被选为主持人。

我拒绝了，我怕我搞砸了晚会。

这次考试我考得很好，妈妈也很高兴，但是我觉得我没考第一，还是不好。

我想和大家成为朋友，为什么大家依然不是真心对我，这是什么原因造成的？

听 卡 耐 基 讲 故 事

我先生和我都是电视迷，每天傍晚一下班回家，便立刻打开电视，然后一边吃速食餐一边看电视，直到就寝时间为止。我们很少去拜访亲朋好友，或阅读书报，或到外面去参加各种活动。

一天，我和几个老朋友一道吃午餐，发现自己很难和他们打成一片，因为他们所谈的话题我都不清楚。于是我决定不再沉迷电视，而是到朋友家拜访，或者到图书馆借书来看。我们的生活变得更丰富，与他人的关系也更亲密、更有价值。

心 理 弱 点

我们每天都在和别人比较，总是觉得自己不如别人。

我们总想了解别人，讨好别人却忽略了自己。

总是不敢相信自己是最好的，总是感觉和别人差很多。

心 理 暗 示 分 析

每天抽出时间独处，以进一步认识自己。要打破习惯的束缚。发现生活中什么东西最能让我们感到满足。

纠正错误总结

1.每个人的生活经历都是独一无二的。尽管构成人体的基本因素相同，但我们每个人的生命都很奇妙地自成一格，绝不与人雷同。

我可是个孤品！

2.心灵的成熟过程，是持续不断的自我发现、自我探寻的过程。除非我们先了解自己，否则我们很难去了解别人。

超越自己才是成功！

3.兴奋的情绪是我们工作能否成功的极重要因素。

因为情绪的动力是促成我们向前进的力量。

一说干这个我可就不困了!

每个人都是独一无二的存在，不必为了别人的好坏而影响了自己，也不必过度去计较生活中的是与非，自己的人生才是第一顺位；

每个人都是独一无二的，你不必像谁，也不必成为谁，你就是你；

每个人的生活都是独一无二，不可复制的，不用与他人比较，自己开心最重要，做一个真实的人最好了；

每个人来到这个世界都是独一无二的，你是所有幸运和美好的化身，学会接纳自己的不完美，与自己好好相处；

我们都想成为别人那样的人，但每个人都是独一无二的，成为最好的自己就好了。不要总是过分要求自己，你就是最棒的。

卡耐基有话说